Explore le Récif
corallien

POUR LA PRÉSENTE ÉDITION

Produit pour DK par WonderLab Group L.L.C
Jennifer Emmett, Erica Green, Kate Hale, *Fondatrices*

Éditrice Maya Myers; **Éditrice Photographies** Nicole DiMella; **Direction éditoriale** Rachel Houghton;
Graphisme Project Design Company; **Recherches** Michelle Harris; **Rédactrice en chef** Lori Merritt;
Index Connie Binder; **Traduction française** Stéphanie Lux; **Correctrice française** Sheila Malovany-Chevallier;
Experte sujet Dr. Naomi R. Caldwell; **Spécialiste lecture** Dr. Jennifer Albro

Première édition américaine 2024
Publié aux États-Unis par DK Publishing, une division de Penguin Random House LLC
1745 Broadway, 20th Floor, New York, NY 10019

Traduction française 2025 Dorling Kindersley Limited
25 26 27 10 9 8 7 6 5 4 3 2 1
005-349057-August/2025

Le présent ouvrage est répertorié dans le catalogue de la Bibliothèque du Congrès.
HC ISBN: 978-0-5939-6819-2
PB ISBN: 978-0-5939-6818-5

Les livres DK sont disponibles à prix réduit lorsqu'ils sont achetés en gros à des fins promotionnelles, de remises
de prix, pour des collectes de fonds ou à des fins éducatives. Pour plus d'informations, veuillez contacter
DK Publishing Special Markets, 1745 Broadway, 20th Floor, New York, NY 10019
SpecialSales@dk.com

Imprimé et relié en Chine

La maison d'édition tient à remercier, pour leur aimable autorisation de reproduire leurs images:
h = haut ; c = centre ; b = bas ; g = gauche ; d = droite ; f = fond
Dorling Kindersley : Tina Gong 10c; **Dreamstime.com :** Luca Gialdini 20, Ingrid Prats / Titania1980 3;
Getty Images / iStock : strmko 4-5; **Shutterstock.com :** Sergius Bleicher 24-25, Rich Carey 10-11,
Diman_Diver 21, Rostislav Stefanek 26-27, Stock for you 19cdh

Illustrations de couverture: *Couverture :* **Dreamstime.com :** John Anderson b, Artisticco Llc;
Quatrième de couverture : **Dreamstime.com :** Andrii Symonenko bg

www.dk.com

MIXTE
Papier | Pour une gestion
forestière responsable
FSC® C018179

Ce livre a été fabriqué avec du papier certifié
Forest Stewardship Council™ — un des
engagements de DK pour un avenir durable.
Pour plus d'informations :
www.dk.com/uk/information/sustainability

Niveau 1

Explore le Récif corallien

Deborah Lock

Sommaire

Corail

Voici un récif corallien.

Quels animaux vois-tu ?

corail

poissons

Tortues marines

Les tortues marines jouent dans l'océan.

carapace

nageoire

Hippocampes

Les hippocampes se baladent sous l'eau.

queue

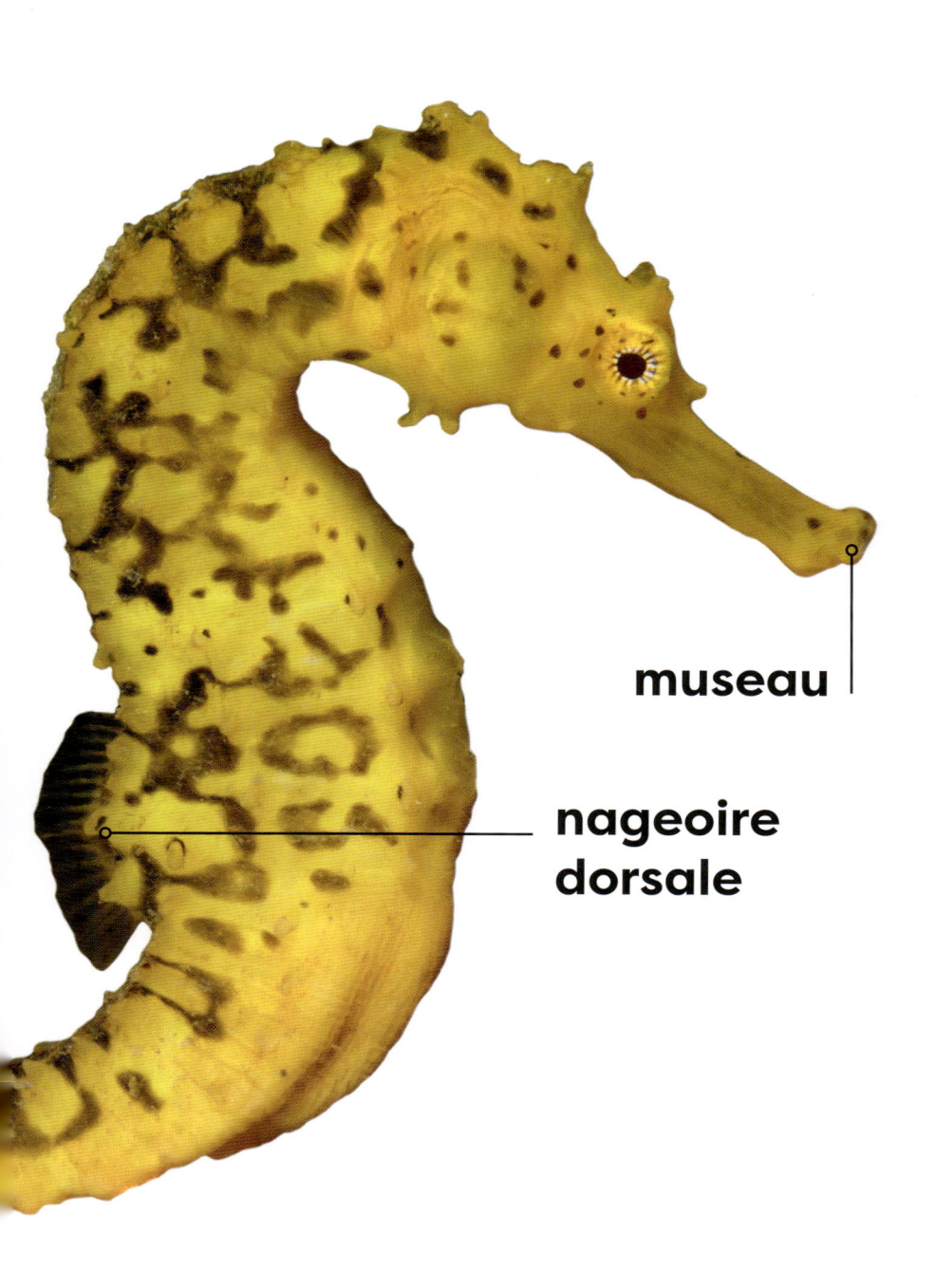

museau

nageoire dorsale

bras

Étoiles de mer

Les étoiles de mer
nagent au fond
de l'océan.

Méduses

Les méduses dansent dans l'eau.

tentacules

ombrelle

queue

Requins

Un requin arrive.
Il cherche de
la nourriture.

aileron

bouche

Pieuvres

Une pieuvre part vite se cacher.

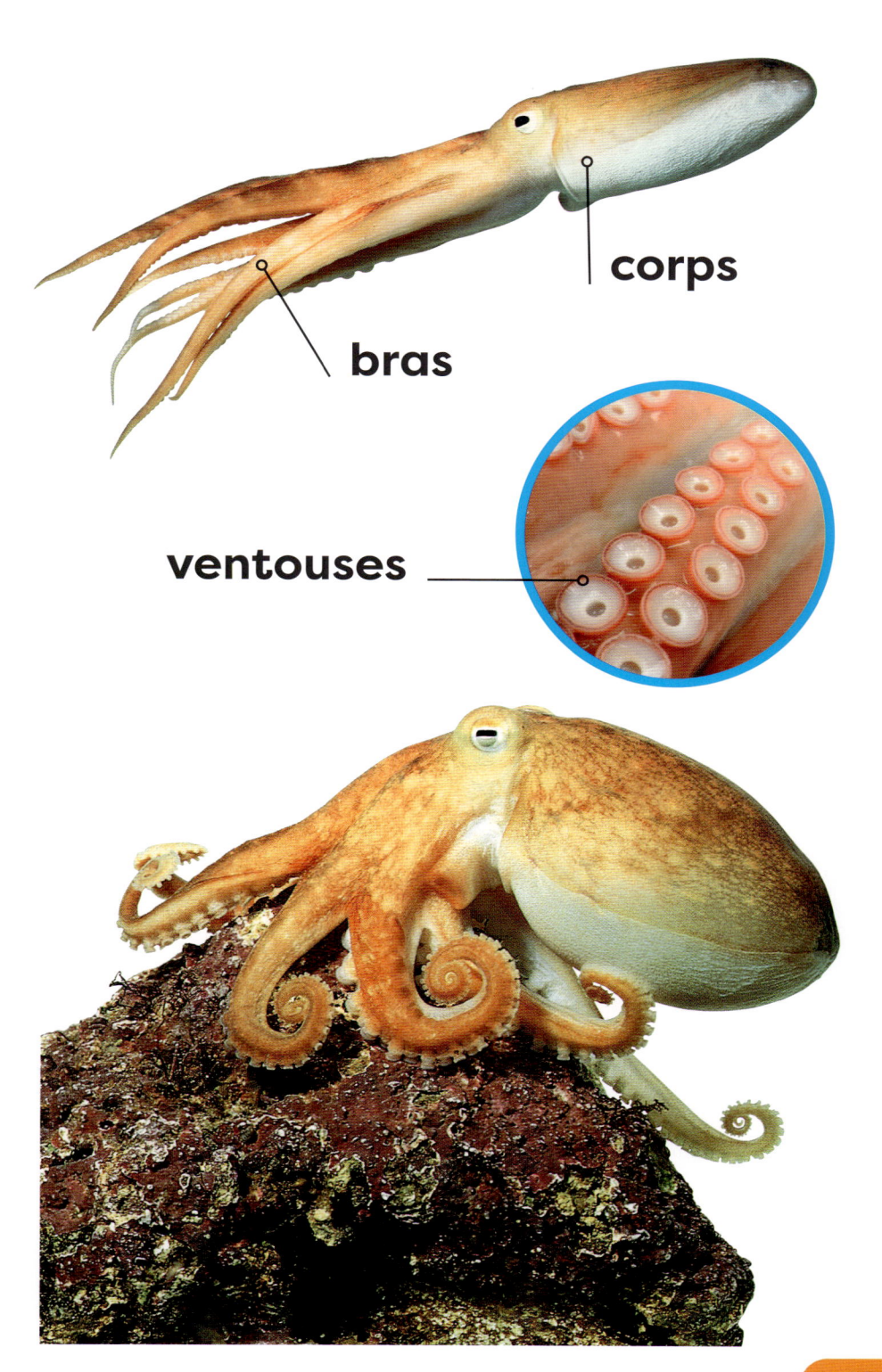

corps

bras

ventouses

Crabes

Les crabes se cachent dans les coraux ou les gros coquillages.

carapace

patte

pince

Raies

Une raie se cache au fond de l'océan.

queue

cachée

œil

nageoire

Dauphins

Un dauphin s'éloigne. Il agite sa queue de haut en bas.

queue

nageoire

bec

Anguilles

Une anguille se méfie du requin.

œil

queue

nageoire

Le requin s'en va.

fentes branchiales

museau

Glossaire

anguille
poisson ressemblant
à un serpent

pieuvre
animal marin avec
huit longs bras

raie
poisson plat avec des
nageoires comme des ailes

étoile de mer
animal marin à cinq bras
en forme d'étoile

tortue marine
reptile marin à la
carapace bombée

Index

Quiz

Réponds aux questions pour voir ce que tu as appris. Puis regarde les réponses avec un·e adulte.

Sais-tu quel animal marin je suis ?

1. J'ai des nageoires et une carapace dure.

2. J'ai une ombrelle et des tentacules.

3. J'ai de longs bras couverts de ventouses.

4. Je me cache dans les coraux et les gros coquillages.

5. Je suis un poisson avec une nageoire dorsale et une longue queue.

1. Une tortue marine 2. Une méduse
3. Une pieuvre 4. Un crabe
5. Une anguille